BEI GRIN MACHT SICH IHR
WISSEN BEZAHLT

Programmplanung und Marketing

Vanessa Gisch

Bibliografische Information der Deutschen Nationalbibliothek:

Die Deutsche Nationalbibliothek verzeichnet diese Publikation in der Deutschen Nationalbibliografie; detaillierte bibliografische Daten sind im Internet über http://dnb.d-nb.de abrufbar.

ISBN: 9783346641090
Dieses Buch ist auch als E-Book erhältlich.

© GRIN Publishing GmbH
Nymphenburger Straße 86
80636 München

Druck und Bindung: Books on Demand GmbH, Norderstedt Germany
Gedruckt auf säurefreiem Papier aus verantwortungsvollen Quellen

Das vorliegende Werk wurde sorgfältig erarbeitet. Dennoch übernehmen Autoren und Verlag für die Richtigkeit von Angaben, Hinweisen, Links und Ratschlägen sowie eventuelle Druckfehler keine Haftung.

Das Buch bei GRIN: https://www.grin.com/document/1195049

Deckblatt für Einsendearbeiten im

Fernstudiengang „Erwachsenenbildung"

Adresse	
Name	Gisch
Vorname	Vanessa

Einsendeaufgabe 1

Allgemeine Trends der Weiterbildungsbeteiligung und der Beteiligungsstrukturen sowieHerkunft der Daten und Schwerpunkte der jeweiligen Erhebungen

In den letzten Jahren hat sich der Weiterbildungsmarkt gewandelt. Durch die Zunahme und Differenzierung der Bildungsangebote und die Expansion der Bildungseinrichtun-gen kommt es zur starken Intransparenz und Unübersichtlichkeit. Insgesamt bleibt trotz Zählversuchen unklar, wie viele und welche Einrichtungen es gibt. (vgl. Reich-Claassen 2015, S. 1) Die Ökonomisierung der Bildung löste einen verschärften Wett-bewerb der Einrichtungen untereinander aus. Nicht nur auf der Anbieterseite kam es zu strukturellen Veränderungen, sondern auch auf der Nachfrageseite. Dadurch gewann das *zielgruppenbezogene Marketing* für die Bildungsanbieter an Bedeutung. (vgl. ebd., S. 4)

Der Nachfrageseite wendet sich die *Erwachsenen- und Weiterbildungsforschung* zu, um diese näher zu betrachten und zu analysieren. Im Fokus steht die Frage der Bil-dungsbeteiligung von erwachsenen Menschen. Es soll herausgefunden werden, was die Beweggründe der Menschen für die Teilnahme an Weiterbildung sind, welche Ziele sie damit verbinden und welche Faktoren zu einer Nicht-Teilnahme führen. Wichtige untergeordnete Teilbereiche der Erwachsenen- und Weiterbildungsforschung stellen die Adressaten-, Teilnehmer- und Zielgruppenforschung dar. (vgl. ebd., S. 7)

Die *Adressatenforschung* beschäftigt sich mit der Beobachtung von Trends des Wei-terbildungsverhaltens, gruppenspezifischer Differenzierungen, Interessen und Motiven von potenziellen und aktuellen Teilnehmenden zur Gewinnung von verallgemeinerten Aussagen. Als Instrument zur Untersuchung und Beschreibung von Interessen, Be-dürfnissen, Ansprüchen, Einstellungen sowie des konkreten Weiterbildungsverhaltens in unterschiedlichen Personengruppen, dient das Modell „sozialer Milieus". Die Daten werden für die nachfrageorientierte Planung von Weiterbildungsangeboten genutzt. Die *Teilnehmerforschung* untersucht Bildungsbiographien, bereitet die gewonnenen Daten auf, um Informationen über die Aneignung bei Bildungsangeboten für Erwachsene ab-leiten und in der Erwachsenenbildungspraxis einfließen zu lassen. Einen Beitrag zur Emanzipation und Partizipation aller, insbesondere benachteiligter Bevölkerungs-schichten leistet die *Zielgruppenforschung*. Diese konzentriert sich auf die Gründe für die Nicht-Teilnahme bestimmter sozialer, als benachteiligt klassifizierter Teilgruppen, wie bspw. Arbeitslose, Frauen, ältere Bürger/innen oder ausländische Bürger/innen. (vgl. ebd., S. 4 ff.)

So lassen sich wichtige Informationen für die Praxis gewinnen. Es lassen sich Weiterbildungsdefizite aufdecken und definieren, konkrete Rahmenbedingungen für das Lehren und Lernen ermitteln und mögliche Lernbarrieren erkennen, die in Praxis berücksichtigt werden können. (vgl. ebd., S. 9) Aus diesen Forschungsgebieten lassen sich allgemeine Trends der Weiterbildungsbeteiligung und der Beteiligungsstrukturen erkennen, die im Folgenden zusammengefasst werden.

Die Ergebnisse aus der *Hildesheim-Studie* zeichnen sich bis heute noch in Befragungsergebnissen ab. Dabei wurde von der Forschergruppe im Jahre 1954 eine große Diskrepanz zwischen der Wertschätzung von Weiterbildung und der tatsächlichen Teilnahme an Bildungsangeboten festgestellt. Die Diskussionen werden auch unter den Begriffen „Weiterbildungsschere" und „Kluft zwischen Wissen und Handeln" geführt. (vgl. ebd., S. 10)

Über die *Göttinger Studie*, die als Leitstudie der Adressatenforschung und Vorläuferstudie der sich später entwickelten Milieuforschung gilt, wurden die Erkenntnisse gewonnen, dass die Menschen, die einen hohen schulischen und beruflichen Bildungsabschluss haben, deutlich häufiger Weiterbildungsveranstaltungen wahrnehmen als diejenigen, mit einem niedrigen Bildungsabschluss. Dieser Effekt wird auch „Matthäusprinzip" genannt. (vgl. ebd., S. 10)

Die oben erwähnte „Weiterbildungsschere" wurde in der darauf aufbauenden Oldenburg-Studie als weiter verstärkt wahrgenommen. Es wurde festgestellt, dass diese bei ungünstigen sozialen Faktoren, wie niedriger Schulabschluss oder beruflicher Status etc., noch weiter auseinanderdriftet. Wie auch im Adult Education Survey nachgewiesen, herrscht eine sogenannte „Kumulation von Bildungsbenachteiligungen im Lebenslauf". Damit einher gehen starke gruppenspezifische Differenzierungen bei der Weiterbildungsbeteiligung hinsichtlich der Faktoren Alter, Geschlecht und Region, wobei sich durch nachfolgende Untersuchungen erkennen ließ, dass die geschlechtsspezifischen Differenzen über den Zeitverlauf geringer wurden. Festgestellt wurde auch, dass es vielmehr die gesellschaftlichen und arbeitsmarktbezogenen Rahmenbedingen waren, die auf die Bildungsbeteiligung von Männern und Frauen einwirken. So konnte eine deutlich höhere Teilnahmequote von vollzeiterwerbstätigen Frauen an nichtberufsbezogener Weiterbildung nachgezeichnet werden. Dahingegen nehmen erwerbstätige Frauen mit Kindern, im Vergleich zu erwerbstätigen Vätern, sehr selten an Weiterbildung teil. (vgl. ebd., S. 11)

Weiterhin entwickelt sich der Trend dahin, dass sich die Teilnahme an Weiterbildungsveranstaltungen ins zunehmende Lebensalter verlagert. Dies lässt sich mit der verlängerten Zeit der Erstausbildung begründen. Dennoch sind hier Unterschiede zwischen erwerbstätigen und nicht-erwerbstätigen Individuen sowie zwischen beruflicher und nicht-beruflicher Weiterbildung zu erkennen. (vgl. ebd., S. 12)

Die zu Beginn zu Ungunsten der Nachfrager entwickelte unüberschaubare Weiterbildungslandschaft lässt sich auf die zunehmende Auffächerung von Lebenslagen und Lebensstilen der Individuen und der damit zusammenhängenden Vielfalt von unterschiedlichen Interessen, Bedürfnissen an Bildung und Einstellungen gegenüber Weiterbildung zurückführen. Diesen Interessen, Bedürfnissen und Einstellungen versuchen die Weiterbildungsanbieter nachzukommen, um sich am Weiterbildungsmarkt weiterhin behaupten zu können. (vgl. ebd., S. 12)

Den Milieustudien kann entnommen werden, dass die Beteiligung an betrieblicher und individuell-berufsbezogener Weiterbildung bei den Personen mit Migrationshintergrund und ausländischen Bürgern/innen deutlich geringer ist als bei deutschen Bürgern/innen ohne Migrationshintergrund. Jedoch partizipieren ausländische Bürgern/innen häufiger an nicht-berufsbezogenen Bildungsveranstaltungen, insbesondere Sprachkursen. (vgl. ebd., S. 24)

Dennoch lässt sich abschließend zusammenfassen, dass die Weiterbildung an Bedeutung gewonnen hat und sich die Teilnahmequote von knapp 30 % im Jahre 1979 auf knapp 50 % im Jahre 2012 deutlich gesteigert hat. Es sind zwar noch Zusammenhänge zwischen den vorherrschenden Bildungserfahrungen, dem Alter und dem Migrationshintergrund zu erkennen, trotzdem haben sich diese Differenzen über den Zeitverlauf angenähert. (vgl. ebd. S. 12)

Einsendeaufgrabe 2

Milieu-übergreifenden Befunde der Studien „Lebenswelten von Menschen mit Migrationshintergrund" & „Bildung, Milieu & Migration". Bedeutung für die Erwachsenenbildung/Weiterbildung

Der Forschungsansatz der Milieustudien wurde bereits im Jahr 1979 entwickelt. Damit wurde darauf abgezielt, „vor dem Hintergrund eines gravierenden gesellschaftlichen Wertewandels Veränderungen in Einstellungen und Verhaltensweisen der deutschen Bevölkerung zu untersuchen." (Reich-Claassen 2015, S. 18) Die soziale Lage, die Ar-beit/Leistung, das Gesellschaftsbild, die Familie/Partnerschaft, die Freizeit, die Wunsch- und Leitbilder sowie der Lebensstil stellen Faktoren dar, die Einfluss auf die Einstellungen, Werthaltungen, Verhaltensmuster und die Veränderungen eines Men-schen haben. Diese Milieu-Grundbausteine tragen zur Konstituierung des entspre-chenden Milieus bei. „Angehörige eines sozialen Milieus ähneln sich sowohl hinsicht-lich ihrer sozialen Lage und ihres Lebensstils als auch im Hinblick auf ihre Einstellun-gen zu den genannten Lebensbereichen." (ebd., S. 18)

Aufgrund des demographischen Wandels spielt das Wachstum der Anzahl von Men-schen mit Migrationshintergrund eine bedeutende Rolle für die Erwachsenenbildung und Weiterbildung. Denn es ist damit zu rechnen, dass die Anzahl der Menschen im erwerbstätigen Alter, die in den kommenden Jahren nachrücken werden, noch geringer sein wird, als es zurzeit der Fall ist. Demgegenüber wird aber die Kohorte Menschen mit Migrationshintergrund aller Voraussicht nach mehr als ein Drittel einnehmen. (vgl. ebd., S. 23)

Zur Beschreibung und zum Verständnis des heterogenen Weiterbildungsverhaltens, Weiterbildungsbedürfnisse und –interessen der Menschen mit Migrationshintergrund und der Ausländer/-innen, sind tiefergehende Informationen hinsichtlich der zuvor auf-geführten Grundbausteine erforderlich. (vgl. ebd., S. 24)

Vor diesem Hintergrund hat das Heidelberger Forschungsinstitut Sinus zwischen den Jahren 2006 und 2008 eine gesonderte Studie zu den „Lebenswelten von Menschen mit Migrationshintergrund" durchgeführt. Dabei wurden die Lebenswelten der in Deutschland lebenden Migranten/innen in einem vorläufigen Migranten-Milieumodell mit insgesamt acht identifizierten Milieus dargestellt. (vgl. ebd. S. 24 f.) Unterschieden werden „die traditionsverwurzelten Migranten-Milieus (religiös-verwurzeltes Milieu und traditionelles Arbeitermilieu), die prekären Migranten-Milieus (entwurzeltes Milieu und hedonistisch-subkulturelles Milieu), die bürgerlichen Migranten-Milieus (adaptives bür-gerliches Milieu und statusorientiertes Milieu) sowie die ambitionierten Migranten-

4

Milieus (multikulturelles Performermilieu und intellektuell-kosmopolitisches Milieu)".
(ebd., S. 25) Dies verdeutlicht unter anderem, dass keine allgemein gültigen Aussagen über die Lebenswelt von Menschen mit Migrationshintergrund vorliegen. Mit der Studie wurde die Absicht verfolgt, Aussagen über die Alltagswirklichkeit von Migranten/-innen treffen, deren Wertorientierungen verstehen, sowie Erkenntnisse über deren Lebensziele, Wünsche und Zukunftserwartungen erzielen zu können. (vgl. ebd. S. 24 f.)

Mit der Studie konnte zwar bestätigt werden, dass die ethnische Zugehörigkeit, die Religion und der Migrationshintergrund wichtige Faktoren der Lebenswelt darstellen, trotzdem determiniert das Herkunftsmilieu nicht die Milieuzugehörigkeit. Für die Lebensauffassungen und Lebensweisen zählt weniger die Herkunftskultur. Diese sind eher „auf die jeweilige Sozialisation im Kontext der eigenen Zuwanderungsgeschichte, dem Alltag in Deutschland und der individuellen Definition der kulturellen Identität im Spannungsfeld von Herkunft und Leben in Deutschland zurückzuführen." (ebd., S. 26) Durch den Einbezug von verschiedenen Nationen und Herkunftskulturen in der Studie ließen sich oftmals gleiche lebensweltliche Muster erkennen. In ein und demselben Milieu wurden Menschen mit unterschiedlichen Herkunftskulturen zusammengefasst. Der Einfluss der religiösen Traditionen wurde häufig überschätzt, wobei die Religion eine prägende Rolle spielt. (vgl. ebd., S. 26)

Diese Erkenntnisse dienten der Erwachsenenbildung und Weiterbildung zum besseren Verständnis der entsprechenden Zielgruppen. Es konnten Informationen darüber gewonnen werden, welche Bildungsbedürfnisse vorliegen. Diese Informationen unterstützen den gezielten Einsatz von Marketinginstrumenten zur entsprechenden Ansprache der unterschiedlichen Migrantengruppen und der Ausgestaltung der Bildungsveranstaltungen (Didaktik, Methodik). Identifizierte Teilnahmebarrieren und Gründe für die Nicht-Teilnahme trotz vorhandenem Weiterbildungsinteresse tragen zur Reduzierung dieser bei. (vgl. ebd. S. 26 f.)

Das Projekt „Bildung, Milieu & Migration" beschäftigte sich hingegen über die Jahre 2012 bis 2014 gezielt mit den unterschiedlichen Bildungsverläufen, Bildungseinstellungen und Bildungsbarrieren von den Migranten/innen. Es wurde das Ziel verfolgt mit engem Bezug zur Herkunftskultur und der Milieuzugehörigkeit, die vielfältigen und heterogenen Bildungserfahrungen und Bildungsverläufe abzubilden. Dabei wurde auf die Migrantenmilieus aus der zuvor beschriebenen Studie zurückgegriffen. Für die Personen mit Migrationshintergrund konnten entsprechende Chancen und Möglichkeiten zusammengetragen werden, aus denen konkrete Handlungsempfehlungen für die Bildungspolitik und Bildungspraxis abgeleitet werden konnten. Dazu zählt bspw. die Befürwortung der Mehrsprachigkeit, Hoffnung auf ambitionierte Aufstiegschancen, die eigene Flexibilität und Leistungsbereitschaft. Die Eltern mit Migrationshintergrund erhoffen sich für ihre Kinder bestmögliche Bildungsmöglichkeiten und Berufschancen. Dafür setzen sie sich ein und versuchen ihre Kinder dafür bestmöglich bei der Bearbeitung der Hausaufgaben sowie der Bewältigung des Schulalltags zu unterstützen und nehmen an Elternabenden teil. Mit diesen Erkenntnissen wird die bislang vorherrschende stark defizitorientierte Anschauungsweise auf die Beziehung zwischen Migration und Bildung aufgebrochen. (vgl. ebd., S. 27 ff.)

Die Studie gibt Aufschluss darüber, dass nicht allein der Migrationshintergrund ausschlaggebend für eine Bildungsbenachteiligung ist, sondern dies vom jeweiligen Milieu abhängt. Die Studie dient der Erwachsenenbildung und Weiterbildung zur Offenlegung der Differenzen und der Bildungsbestreben. Es ist wichtig diese zu kennen, um die Beratungssettings und Fördermaßnahmen an die jeweiligen Zielgruppen anpassen zu können. Es können vorliegende Barrieren abgebaut werden. Auf diesem Weg werden die an Bildung interessierten Menschen mit Migrationshintergrund von den Bildungseinrichtungen abgeholt und dazu motiviert an Bildungsveranstaltungen teilzunehmen. (vgl. ebd., S. 28 ff.)

Einsendeaufgabe 3

a) Übersetzung und Umschreibung des Wortes Marketing

Der Begriff Marketing wird abgeleitet von „Markt" (engl. „market") und kann mit der Ausrichtung auf den Markt und die sogenannte Vermarktung von Gütern umschrieben werden. Dabei wird unter dem Begriff „Markt" der Ort verstanden, an dem der Aus-tausch zwischen Angebot und Nachfrage stattfindet. Darüber hinaus umfasst das Mar-keting all das, was zur Intensivierung und Verbesserung der Beziehung zwischen An-bietern und potenziellen Abnehmern beiträgt. Hierzu zählt im Bildungsbereich bspw. der informative Internet-Auftritt, die faire oder nachvollziehbare Preisbildung, attraktive und auf die Zielgruppe ausgerichtete Angebote sowie einladende Informationsveran-staltungen und Verfahren zur Anmeldung und nützliche Beratungsangebote. (vgl. Schlutz 2014, S. 1 f.)

b) Funktionen (Aufgaben) und allgemeine Zielsetzungen des Marketings

Als Teilgebiet der BWL wird unter Marketing heute die Konzeption und Gesamtheit aller auf dem Markt ausgerichteten unternehmenspolitischen Maßnahmen verstanden. Damit geht es nicht mehr allein um die Förderung des Absatzes und der Vermarktung, sondern auch um die Befriedigung der Bedürfnisse der Nachfrager/innen. Durch ge-eignete Vorkehrungen sollen der Austausch und die Kommunikation gefördert werden. (vgl. ebd., S. 1 f.)

Dem Marketing wird heute mehr als eine reine Managementaufgabe zugesprochen. Marketing ist vielmehr eine unternehmerische Denkhaltung, ein marktorientiertes Füh-rungskonzept bzw. ein Prozess im Wirtschafts- und Sozialgefüge. Folgende Funktio-nen werden dem Marketing zuordnet:

- Es beschäftigt sich als Marketingmanagement mit den mehr eingrenzten Aufga-ben, wie die Kundensuche, die Erkennung von Bedarfen und die systematische Erarbeitung des Leistungsprogramms sowie die Bewerbung der Angebote, die Preisbildung, die Beobachtung der Wettbewerber etc., zur Durchsetzung auf dem Markt.
- Es ist dafür verantwortlich alle betrieblichen Aktivitäten gezielt auf den angestreb-ten Markt auszurichten.
- Es kümmert sich darum die Bedürfnisse und Wünsche der Nachfrager zu befrie-digen. Hierzu werden Produkte und Dienstleistungen mit entsprechendem Wert erzeugt, angeboten und der Austausch zwischen Angebots- und Nachfrageseite intensiviert.

(vgl. ebd., S. 6)

Zusammengefasst wird deutlich, dass der Marketingbegriff und das Lehrgebiet unterschiedliche Perspektiven zulassen. Das Marketing berührt immer mehr Unternehmensbereiche und orientiert sich an den Veränderungen in der Wirtschaft und Gesellschaft, wodurch auch eine Ausweitung auf mehr Lebensbereiche stattfindet. (vgl. ebd., S. 8)

Durch die Ausweitung der Funktionen erfolgte auch eine Veränderung der Marketingziele. Diese werden in die drei Zieldimensionen Unternehmenserfolg, Kundenzufriedenheit und Mitarbeiterbindung aufgefächert. Mit den unternehmensorientierten Zielen wird bspw. die Absicht verfolgt, den Marktanteil zu sichern und Gewinn zu erzielen. Darüber hinaus ist ein Unternehmen nur erfolgreich, wenn die Kunden zufrieden sind und die angebotenen Produkte und Dienstleistungen kaufen. Darum soll auf Seite der Kunden dazu beigetragen werden, den Bekanntheitsgrad zu steigern und ein gutes Image aufzubauen. Es wird das Ziel verfolgt, den Kunden durch die angebotenen Güter einen Leistungsnutzen zu bieten und die Beziehungen zu intensivieren. Auf der Mitarbeiterseite wird zur Motivation und der Leistungsfähigkeit beigetragen, um ein gutes Betriebsklima zu wahren und handlungsfähig zu bleiben. (vgl. ebd., S. 24 f.)

Den Zieldimensionen gegenüber lassen sich die Ziele auch funktionsgerichtet unterscheiden. Dabei unterschieden werden folgende:

- ökonomische Ziele, wie Gewinnerzielung oder –steigerung, Rendite, Marktanteil;
- psychologische Ziele, wie z.B. die Wahrung der Zufriedenheit von Kunden und Mitarbeitenden, der Motivation der Mitarbeitenden sowie die Berücksichtigung des Kaufverhalten und der Aufbau des Unternehmensimages;
- und soziale Ziele, wie bspw. der Erhalt eines guten Betriebsklimas, die Gewährleistung von Arbeitsplatzsicherheit, der Aufbau von Kundenbeziehungen.

  (vgl. ebd., S. 24 f.)

c) Arbeitsschwerpunkte des Marketings

Die zentralen Arbeitsschwerpunkte und Variablen der Marketingplanung bilden Marketing-Situation, die Marketing-Ziele und -Strategien sowie die Marketing-Instrumente.

Dabei geht es bei der *Marketing-Situation* um die Klärung der eigenen Lage als Hintergrund für die Entscheidungsfindung. Es werden die internen Ressourcen und externen Arbeitsbedingungen analysiert. Die Situationsanalyse stellt den Ausgangspunkt der Marketingplanung dar, aus der eine marktorientierte Problemstellung abgeleitet wird, die als Leitlinie für die neue oder revidierte Marketingplanung genutzt werden kann. Üblicherweise findet im Rahmen der Situationsanalyse eine Bewertung mit Hilfe der SWOT-Matrix statt. Diese lässt die Stärken und Schwächen des Unternehmens den Chancen und Risiken, die die Umwelt bietet einander gegenübergestellt werden, um sich mit der Frage zu beschäftigen, wie die Stärken besser genutzt und die Schwächen abgemildert werden können. (vgl. ebd., S. 20 ff.)

Die *Marketing-Zielen und –Strategien* bilden das Zentrum der strategischen Marketing-planung. Die Marketing-Ziele werden aus der Situationsanalyse abgeleitet und stellen Zielvorgaben dar, die mittels des Marketings erreicht werden sollen. Die *Marketing-Ziele* müssen mit den Leitzielen des Unternehmens vereinbar sein. Dazu passend müssen Marketing-Strategien festgelegt werden, die für die Steuerung des Marketing-Handelns verantwortlich sind, um die Ziele erreichen zu können. Bei den Strategien handelt es sich um längerfristige Pläne, wie bspw. die Marktwahl, Wachstumsstrate-gien oder Vorteilsstrategien. (vgl. ebd., S. 24)

Darüber hinaus müssen die entsprechenden *Marketing-Instrumente* zur Erreichung der Marketing-Ziele und –Strategien gezielt gewählt werden. Darunter sind viele Einzelent-scheidungen über passende Maßnahmen zu treffen. (vgl. ebd., S. 19 f.)

d) Gründe für die Ausweitung des Marketingbegriffs

Der Marketingbegriff umfasst heute mehr als Angebotswerbung. Dies lässt sich auf den technischen Fortschritt und die ungeduldige Nachfrage im Zuge der industriellen Revo-lution zurückführen. Der Absatz schien fast sicher, weshalb für die Unternehmen nicht mehr nur die eigene Produktion im Fokus stand. Die deutlich gestiegene Produktions-quote führte im Zeitverlauf zu einem Angebotsüberhang. Damit verbunden war ein zu-nehmender Wettbewerb zwischen den Anbietern um das bessere Produkt. Die reinen Verkaufstechniken und die Ausgliederung des Vertriebs aus der Produktion reichten aber nicht aus. Darum war ein Umdenken erforderlich. Es wurde erkannt, dass der Absatz nicht nur durch die Produktpflege angekurbelt werden kann, sondern ein neues Marketing-Konzept notwendig ist. Folglich umfasst das Marketing heute mehr als An-gebotswerbung. Die Berücksichtigung der Nachfrageseite (= Marktorientierung) steht im Mittelpunkt des Marketings. Die unterschiedlichen und wechselnden Bedürfnisse der Nachfrager müssen bereits bei der Produktentwicklung einbezogen werden. (vgl. ebd., S. 8)

Einsendeaufgabe 4

Unterschied zwischen dem Verkauf eines Produkts und dem einer Dienstleistung

Grundlegend wird hinsichtlich der Hauptfunktion zwischen materiellen und immateriel-len Gütern unterschieden. Dabei stellen die Produkte materielle Güter bzw. Sachgüter dar, die über einen Produktionsprozess entstehen und im fertigen Zustand am Markt zum Verkauf angeboten werden, um die Bedürfnisse und Wünsche der Nachfra-ger/innen zu befriedigen. (vgl. Schlutz 2014, S. XIV) Dagegen werden unter Dienstleis-tungen immaterielle Güter, wie bspw. Bildungsgüter, verstanden, die in unfertiger Form getauscht werden. Dadurch sind sie nicht vorzeigbar bei der Kaufentscheidung, nicht lagerfähig und weniger standardisierbar. Die Weiterbildungseinrichtungen unterstützen lediglich die Lernprozesse der Nachfrager/innen bzw. Teilnehmenden mittels der Bil-dungsdienstleistungen. Diese zahlen für den Einsatz des Leistungspotenzials, wobei sie nicht wissen welches Ergebnis dabei herauskommt. (vgl. ebd., S. 3; 39)

Im Folgenden Teil werden die Unterschiede zwischen dem Verkauf eines Produkts und dem einer Dienstleistung anhand zweier Beispielen veranschaulicht.

Beispiel Erwerb eines Produktes

a) Was ist das Absatzobjekt?

Beim Absatzobjekt handelt es sich um Autos (hierbei werden der Einfachheit halber Privatanbieter ausgeschlossen).

b) Welche Qualitätseinschätzung ist vor und beim Kauf möglich?

Vor der Kaufentscheidung haben die Nachfragenden die Möglichkeit, die jeweiligen Autoangebote im Internet, der Zeitung oder bei Autohändlern in der Umgebung hin-sichtlich des Preis-Leistungsverhältnisses zu vergleichen. Sie können bspw. auch eine Probefahrt vereinbaren, um sich von der Qualität, der Ausstattung und dem Fahrkom-fort zu überzeugen. Es können zusätzlich über Testberichte oder Bekannte/Verwandte unterschiedliche Meinungen zu verschiedenen Automarken herangezogen werden.

c) Welche Kundenaktivität wird verlangt?

Von den Nachfragenden bzw. Kunden wird insofern die Aktivität verlangt, dass sie übers Internet oder sonstigen Anzeigen einen Anbietenden ihrer Wahl aufsuchen, der dann auch Vorort besucht wird, um sich für das jeweilige Produkt zu entscheiden und dieses schließlich kostenpflichtig zu erwerben.

d) Welche Verpflichtungen hat der Anbieter nach dem Kauf?

Gemäß § 433 Absatz 1 BGB (Bürgerlichen Gesetzbuch) sind die Anbietenden dazu verpflichtet, das Produkt mängelfrei, d.h. ohne Sach- und Rechtsmängel, an den Erwerbenden zu übergeben. Mit Übergabe des Produktes werden auch die Eigentumsrechte an die erwerbende Person übergeben. Sollten nachträglich Sachmängel (ausgenommen von Verschleißerscheinungen) erkennbar sein, kann die/der Erwerbende die Gewährleistung vom Händler einfordern. Dies bedeutet, dass z.b. verlangt werden kann, dass die Mängel behoben werden oder ggf. vom Kaufvertrag zurückgetreten wird. Doch laut § 438 Absatz 1 Nummer 3 BGB verjähren die Mängelansprüche nach zwei Jahren.

e) Worauf muss das Marketing jeweils besonders achten?

Bei dem Verkauf von Autos sollte das Marketing auf die folgenden gängigen Gestaltungsaspekte achten:

- **Product** - Leistungs- und Angebotspolitik
- **Promotion** - Kommunikationspolitik
- **Place** - Distributionspolitik
- **Price** – Preispolitik. (vgl. Schlutz 2014, S. 30)

Diese dienen zur gezielten Steuerung der Kundenbeeinflussung. So sollten die Autohändler bspw. online präsent sein und der Nutzen den das jeweilige Auto den Kunden bieten soll, muss entsprechend bekannt gemacht werden. Dazu sind Beratungen und Veranstaltungen wie Tag der offenen Tür oder Rabattaktionen erforderlich, um die Kunden auf sich aufmerksam zu machen. Zertifizierungen und gute Bewertungen im Internet können zu einem höheren Bekanntheitsgrad beitragen. Darum sollten die Autohändler serviceorientiert sein und sich gut um die Bestandskunden kümmern. (vgl. ebd., S. 30 ff.)

Beispiel Erwerb einer Dienstleistung

a) Was ist das Absatzobjekt?

Beim Absatzobjekt handelt es sich um einen „Sprachkurs – Grundkurs Englisch", der bspw. von einer Volkshochschule angeboten wird. Das Leistungsergebnis würde hierbei der erfolgreiche Abschluss des Sprachkurses mit grundlegenden Kenntnissen in der englischen Sprache darstellen. Die Leistungszusage erfolgt über die Bekanntgabe der Lerninhalte, der Veranstaltungstermine, des Bildungsortes und der lehrenden Person.

b) Welche Qualitätseinschätzung ist vor und beim Kauf möglich?

Aufgrund der Immaterialität wie zu Beginn beschrieben, haben die Nachfragenden vor der Kaufentscheidung keine Möglichkeit, die Dienstleistungen zu betrachten oder zu testen. Eine Qualitätseinschätzung ist somit nicht ohne weiteres möglich, was zu einer gewissen Verunsicherung bei den Interessenten/innen führt. Mit dem Erwerb einer Dienstleistung ist ein Kaufrisiko verbunden, welches nur annäherungsweise durch materielle Such- oder Ersatzqualitäten, wie z.b. die einladende Gestaltung des Bildungsortes, freundliches Personal oder anschauliches Informationsmaterial, umgangen werden kann. (vgl. ebd., S. 39) Darüber hinaus können ggf. Bewertungen der Bildungseinrichtung zur Kaufentscheidung herangezogen werden. Dazu zählt auch die eigene Meinung, sofern die nachfragende Person schon einmal an einem anderen Kurs der Bildungsstätte teilgenommen hat. Es kann auch auf die Meinungen von Bekannten/Verwandten/Freunden vertraut werden.

c) Welche Kundenaktivität wird verlangt?

Von den Nachfragenden bzw. Kunden wird eine stärkere Aktivität verlangt, denn die Besonderheit liegt in der Integration des externen Faktors in die Dienstleistung. Dieser ist umso stärker, je umfassender die erwerbende Person im Leistungsprozess anwesend und beteiligt ist. So müssen die erwerbenden Personen im Sprachkurs anwesend sein, aktiv daran teilnehmen und hohe Interaktionsbereitschaft einbringen, um etwas zu lernen. Sie stellen selbst einen Produktionsfaktor im Bildungsprozess dar, der mit dem vorhandenen Vorwissen und den Kompetenzen ausschlaggebend für das Leistungsergebnis ist. (vgl. ebd., S. 40)

d) Welche Verpflichtungen hat der Anbieter nach dem Kauf?

Im Gegensatz zum Erwerb von Produkten gibt es nach dem Kauf der Dienstleistung bzw. Ende des Sprachkurses keine Gewährleistungspflicht. Ggf. wird von der Bildungseinrichtung eine Teilnahmebescheinigung ausgestellt.

e) Worauf muss das Marketing jeweils besonders achten?

Auch bei dem Dienstleistungsverkauf sollte das Marketing auf die gängigen Gestaltungsaspekte Leistungs- und Angebotspolitik, Kommunikationspolitik, Distributionspolitik und Preispolitik achten, um adäquat die Zielgruppe erreichen zu können, die zur Teilnahme am Sprachkurs führt. (vgl. Schlutz 2014, S. 30) Außerdem ist auf ein ausgeglichenes Verhältnis zwischen den Vorteilen von Individualisierung hinsichtlich der Einbeziehung von Kundenbedürfnissen und Wünschen und Standardisierung im Sinne einer gewissen Abschätzung der Lernprozessverläufe zu achten. (vgl. ebd., S. 40) Darüber hinaus ist eine gezielte Personalpolitik als Querschnittsaufgabe im Dienstleistungsbereich unabdingbar. Damit soll sich gezielt um die Personalgewinnung, -schulung und -motivierung gekümmert werden, um qualitativ hochwertige Bildungsveranstaltungen anbieten zu können, die von den Kunden auch erfolgreich absolviert werden. Denn die Kundenzufriedenheit ist erforderlich für die Imagebildung der Bildungseinrichtung. Dadurch wird bei der Personalpolitik auch von internem Marketing gesprochen. Dieses ist neben den üblichen Marketingmaßnahmen wie gezielte Öffentlichkeitsarbeit (Plakate, Infomaterial, Webauftritt etc.), Angebot von Kostenersparnissen und Weiterbildungsberatungen, Nutzung ansprechender Bildungsorte und Wahl der Bildungszeiten ausschlaggebend für die Gewinnung neuer Kunden. Denn bisher an der Bildungsveranstaltung teilgenommene Personen dienen als Multiplikatoren. (vgl. ebd., S. 30 ff.)

Literaturverzeichnis

Reich-Claassen, J. (2015): Weiterbildung und soziale Milieus: Grundlage für Programmplanung und Bildungsmarketing. Studienbrief Nr. EB 1010 des Master-Fernstudiengangs Erwachsenenbildung der TU Kaiserslautern. Unveröffentlichtes Manuskript. Kaiserslautern.

Schlutz, E. (2014): Weiterbildungsmarketing. 2. überarbeitete und aktualisierte Auflage. Studienbrief Nr. EB 1020 des Master- Fernstudiengangs Erwachsenenbildung der TU Kaiserslautern. Unveröffentlichtes Manuskript. Kaiserslautern.